AF248422

27
In. 11946

P. 400.

RELATIONS

DE LA CONVERSION

ET DE

LA MORT ÉDIFIANTE

DE DEUX FILLES;

L'une complice d'Assassinat, & exécutée à Paris le 12 Janvier 1737 ; l'autre coupable de Vol, & exécutée à Pithivier, dans l'Orléanois, le 3 Janvier 1767.

A LIEGE.

Et se trouve, A PARIS,

Chez MARCHENOIR, Libraire, Quai &
à côté des Grands Augustins.

M. DCC. LXVIII.

AVIS.

DE ces deux Relations, la premiere est déja bien connue ; elle a été lue avec édification par tous ceux qui aiment la Religion ; & il y en a déja eu plusieurs éditions : elle contribue à la consolation des criminels, en qui Dieu met des sentimens de repentir & de piété. On verra qu'elle fit beaucoup d'impression sur la personne qui est l'objet de la seconde Relation : c'est ce qui a déterminé à les réunir, comme étant également édifiantes & dignes d'être proposées aux personnes qui ont eu le malheur de tomber dans des crimes, & qui se voient exposées aux supplices.

La miséricorde que Dieu fait éclater sur les pécheurs, & particulierement sur ceux qui se sont rendus coupables de ces crimes que la justice humaine punit, est sans doute bien capable d'exciter la con-

fiance de ceux qui reviennent fincérement à lui. Ce que Dieu a fait pour les
uns, il peut également le faire pour les
autres ; & il le fera certainement, s'ils
font fideles à fuivre les impreffions de fa
grace. *Dieu ne veut point la mort du pécheur, mais il veut qu'il fe convertiffe,
& qu'il vive :* c'eft lui-même qui le dé-
clare par la bouche d'un de fes Prophé-
tes : *Pourquoi mourrez-vous, maifon
d'Ifraël ? Je ne veux point la mort de
celui qui meurt, dit le Seigneur Dieu ;
revenez à moi, & vivez.* (*Ezech.* 18. 31
& 32.) Il le répéte, en joignant à fa parole le ferment, pour exciter encore plus
notre attention & la confiance du pécheur
pénitent : *Je jure par moi-même,* dit le
Seigneur Dieu, *que je ne veux point la
mort de l'impie, mais que je veux que
l'impie fe convertiffe, qu'il quitte fa mau-
vaife voie, & qu'il vive. Convertiffez-
vous, convertiffez-vous, quittez vos voies
toutes corrompues ; pourquoi mourrez-
vous, maifon d'Ifraël ? Vous donc, fils*

'de l'homme, dites aux enfans de votre peuple : *En quelque jour que le juste péche, sa justice ne le délivrera point ; & en quelque jour que l'impie se convertisse, son impiété ne lui nuira point.* (*Ezech.* 33. 11 & 12.) Voilà ce qui doit en même-temps exciter la ferveur des justes, & la confiance des pécheurs qui reviennent à Dieu.

Tous les secours que la Religion présente aux pécheurs, sont des graces dont Dieu les prévient, & par lesquelles il les appelle & les invite à revenir à lui. Le coup même qui a retiré le criminel de ses égaremens, en le faisant tomber entre les mains de la justice humaine, peut devenir pour ce pécheur le premier instant de son bonheur, s'il prend soin de faire un saint usage des peines qu'il éprouve.

Les criminels doivent donc recevoir ces premieres graces avec reconnoissance, & les regarder comme les prémices des effets de la miséricorde de Dieu sur eux.

Si à ces premiers secours de sa main bien-
faisante, il daigne joindre des secours
intérieurs qui rendent leur ame sensible
aux effets de sa bonté, c'est encore un
motif plus pressant d'espérer que Dieu
qui commence en eux l'œuvre de leur
sanctification, daignera l'achever, pour-
vû qu'ils n'y mettent point d'obstacles
par de nouvelles infidélités. Ainsi plus
Dieu multiplie sur eux les marques de
sa miséricorde, plus ils doivent s'y livrer avec une pleine confiance, mais aussi
avec une entiere fidélité. Une confiance
stérile, qui ne change point les dispositions du cœur, est une fausse confiance,
une présomption criminelle. Mais une
confiance qui, en se portant vers Dieu
avec amour, réforme les vices du cœur,
est une confiance solide, qui ne sera jamais confondue. Les pécheurs, coupables mêmes des plus grands crimes, mais
touchés d'un sincere repentir, peuvent
& doivent se livrer avec une entiere confiance à la divine miséricorde qui les pré-

vient ; & en perſévérant dans cette diſ-
poſition, ils parviendront certainement
à la véritable vie que Dieu leur promet,
& à laquelle les conduira la mort même,
dont la juſtice humaine les menace.

*Dieu ne veut point la mort des pé-
cheurs* ; c'eſt-à-dire, leur mort éternelle :
car ſa juſtice veut que tous les hommes
meurent dans le temps qu'il a marqué,
parce qu'ils ſont coupables au moins par
leur origine, comme enfans d'un pere
coupable. Sa juſtice veut que les crimes
les plus odieux & les plus nuiſibles à la
ſociété, ſoient punis de mort par le glaive
de la juſtice humaine, pour réprimer le
débordement de ces déſordres par la ter-
reur des ſupplices, & pour donner aux
criminels mêmes un moyen propre à expier leurs forfaits en ce monde. Mais en
condamnant les pécheurs à cette mort,
qui n'eſt que la premiere mort, *Dieu
veut qu'ils ſe convertiſſent, & qu'ils vivent* ; il veut qu'ils reviennent ſincére-
ment à lui, afin qu'ils évitent la ſeconde

mort, qui eſt la mort éternelle. Il veut qu'ils renoncent à leurs crimes & à tout déſordre ; qu'ils déteſtent leurs iniquités ; qu'ils s'attachent à ſa loi avec amour ; que reconnoiſſant devant lui de quoi ils ont été capables, lorſque, par un juſte jugement, il les a laiſſés marcher au gré de leurs déſirs pervers, ils lui demandent, avec les plus grandes inſtances, le ſecours de ſa grace, pour lui conſacrer le reſte de leur vie ; qu'ils s'appliquent avec ferveur à la pratique de toutes les vertus, & particulierement de celles qui conviennent à leur état ; qu'ils réparent & expient leurs crimes, par une humble ſoumiſſion à toutes les peines que ſa juſtice leur fait ſouffrir en ce monde ; qu'ils y joignent même des œuvres ſatisfactoires proportionnées à leur état & à leurs forces ; qu'en s'offrant tous les jours à Dieu avec Jeſus-Chriſt, & en Jeſus-Chriſt, ils ſe diſpoſent à trouver dans la mort même, de quelque genre qu'elle puiſſe être, un ſacrifice qui, uni à celui de Jesus-Christ, puisse servir à l'expiation de leurs crimes, & leur ouvrir la porte de la vie.

Dieu veut qu'ils vivent, mais de la vie éternelle, qu'il leur prépare dans son sein, & dont il leur donne déja les prémices par la grace qu'il répand dans leur cœur. Cette grace se manifeste par la foi qui les porte à croire à Jesus-Christ & à sa parole ; cette foi se manifeste par les œuvres conformes à la loi de Dieu, aux préceptes de Jesus-Christ. Quiconque a la foi & les œuvres de la foi, possede les prémices de la vie éternelle ; & quiconque persévérera jusqu'à la fin dans ces saintes dispositions, entrera infailliblement dans cette vie éternelle, que Dieu lui promet, & dont il lui donne les prémices. Quelque douloureuse que puisse être la mort préparée au criminel dans ce monde pour la punition de ses crimes, il doit s'y soumettre avec amour, en bénissant la miséricorde de Dieu, qui lui prépare, dans les douleurs de cette

A v

mort, un moyen d'expier ses crimes, de se purifier de ses souillures, & d'entrer plus promptement dans cette vie éternelle & bienheureuse, qui doit être ici bas l'unique objet de nos desirs.

C'est pour exciter les criminels à entrer dans ces dispositions, qu'on leur présente les exemples édifians que renferment ces deux Relations.

Ou plutôt, on propose ces exemples généralement à tous ceux qui se trouvent détenus dans les prisons pour crimes, ou pour quelqu'autre cause que ce soit, soit qu'ils se reconnoissent coupables des crimes dont ils sont accusés, soit qu'ils en craignent l'aveu, soit qu'ils soient même innocens. Dans quelque situation qu'ils se trouvent, le tableau des miséricordes de Dieu doit toujours être intéressant pour eux ; & les modeles d'une sincere pénitence, seront toujours utiles aux plus justes mêmes ; parce que les plus justes mêmes ne sont point entierement exempts de fautes. Nous avons tous besoin de dire à Dieu : *Notre Pere , pardonnez-nous nos offenses.* Car , selon la remarque de l'Apôtre S. Jacques , *Nous faisons tous beaucoup de fautes* : nous avons donc tous besoin de pénitence. La pénitence des plus grands pécheurs est un modele capable d'exciter la ferveur des plus justes mêmes. Plus·les uns se sont rendus coupables, plus ils ont sujet de s'humilier devant Dieu , & de faire de dignes fruits de pénitence pour en obtenir le pardon : plus les autres ont reçu de graces , plus ils doivent s'humilier devant Dieu à la vue des fautes dont ils ne sont point exempts ; plus ils doivent eux-mêmes réparer , par de dignes fruits de pénitence , les fautes dont ils sont coupables. D'ailleurs la charité nous porte tous à nous intéresser aux biens & aux maux de nos freres : & si la miséricorde de Dieu nous a préservés de leurs crimes , nous devons lui en témoigner notre reconnoissance , en la sollicitant pour eux & avec eux ,

A vj

& difant tous d'une même bouche, d'un
même efprit & d'un même cœur : *Notre
Pere, pardonnez-nous nos offenfes.*

RELATION

DE LA CONVERSION,
& de la Mort édifiante d'une jeune
Fille complice d'un Affaſſinat, exécu-
tée à Paris au mois de Janvier 1737.

VOUS me demandez, Monſieur, un récit détaillé des faits dont je puis avoir connoiſſance, au ſujet de la jeune fille qui a été condamnée à mort, & exécutée en cette Ville le Samedi 12 du préſent mois de Janvier 1737. Je vais eſſayer de vous ſatisfaire.

Cette fille avoit environ vingt-un ans; elle paroiſſoit avoir eu de l'éducation, & elle appartenoit à dè très-honnêtes gens. Elle s'étoit donné le nom de Leclerc dans le temps de ſa fuite, & c'eſt ſous ce nom ſeulement que je la déſignerai dans ce récit, par conſidération pour ſa famille.

Je ne ſuivrai point le détail de tous les déréglemens qui l'ont conduite au crime pour lequel elle a été punie. Ce détail n'eſt ni aſſez connu, ni néceſſaire à approfondir; je me contenterai d'en dire ce qu'il faut, pour faire connoître de quel abîme la miséricorde de Dieu l'a tirée.

Après plusieurs désordres, dont les marques avoient paru dans une Maison où elle demeuroit en qualité de fille de Chambre, celui qui l'avoit débauchée la plaça dans un endroit pour l'y entretenir : mais comme il la laissa bientôt dans le besoin, & qu'au lieu d'y pourvoir, il la maltraita ; cette malheureuse ne sçachant plus que devenir, alla trouver une femme de sa connoissance, à qui elle conta ce qui lui étoit arrivé. Celle-ci qui ne valoit pas mieux qu'elle, entra dans sa peine, & lui indiqua une maison, dans laquelle elle lui fit espérer qu'elle ne manqueroit de rien. Cette maison étoit un lieu de prostitution. La Demoiselle Leclerc qui n'avoit pas encore porté le crime jusqu'à se sacrifier à une pareille infamie, ne voulut pas y rester. Un jeune Abbé qui s'y trouva, & qui vit sa répugnance, conçut le desir de satisfaire sa passion avec elle. Il lui proposa d'accepter une chambre, dans laquelle il la mettroit, & où il prendroit soin d'elle ; elle y consentit, & sur l'espérance qu'il lui donna de l'épouser, elle s'abandonna à ses mauvais desirs. Au bout de quinze jours elle apprit que ce misérable étoit Diacre, & alors elle ne voulut pas continuer ses débauches avec lui. Mais le jeune homme poſſédé de ſa paſſion ne connoiſſoit rien de Sacré, & le crime dans lequel il vivoit avec elle, lui ayant acquis une autorité redoutable, il continua à aller chez elle tous les jours.

Il avoit une jalouſie extrême contre un jeune homme qui la recherchoit en mariage; & après avoir joué inutilement pluſieurs ſtratagêmes pour l'empêcher de venir chez elle, il réſolut de s'en défaire. Pour cela, il fit prendre au pauvre jeune homme, par deux différentes fois, des choſes qu'il crut capables de l'empoiſonner, mais qui ne firent qu'altérer pendant quelques jours ſa ſanté; il obligea même la fille de les lui préſenter de ſa propre main. Enfin voyant que l'effet ne répondoit pas à ſon noir deſſein, & que celui dont il ne pouvoit ſoutenir la vûe, alloit toujours chez elle, il imagina un autre expédient.

Ce fut de propoſer à la Demoiſelle Leclerc de feindre un voyage pour le lendemain avant le jour, afin que le jeune homme s'offrant à la conduire, elle pût le faire paſſer dans un endroit qu'il lui indiqua, & où il l'attendroit pour ſe défaire de lui.

En vain lui repréſenta-t-elle la noirceur d'un tel projet, il ne lui laiſſa d'autre alternative que de l'exécuter, ou d'avoir elle-même la gorge coupée, & il ne la quitta pas ce jour-là. Le jeune homme vint l'après-midi : elle lui parut triste. Il lui demanda ce qu'elle avoit, & l'Abbé lui dit : Mademoiselle ne vous dit pas qu'elle part demain à quatre heures pour faire un voyage à son pays, & qu'elle seroit bien aise que vous allassiez l'accompagner au Carosse. Il ajouta encore qu'il falloit qu'ils soupassent tous trois ensemble, & que pour lui il s'en iroit après souper. Puis s'adressant à la fille : Mademoiselle, dit-il, faites donc votre paquet ; & aussi-tôt elle assembla quelques habits dont elle fit un petit ballot. L'heure du souper étant venue, on se mit à table, & l'Abbé resta jusqu'à une heure après minuit. Il fit alors semblant de s'en aller ; mais il demeura sur l'escalier jusqu'au moment qu'il entendit dire : Allons, voici l'heure de partir : allons-nous-en. Le jeune homme voyant qu'elle soupiroit toujours, lui demanda encore ce qu'elle avoit ; mais elle n'osoit pas lui dire le vrai sujet de sa peine, par la crainte qu'elle avoit de l'Abbé qu'elle sentoit à la porte.

Ils partirent donc pour le fatal rendez-vous. Sitôt qu'ils y furent arrivés, l'Abbé

qui, pour se déguiser, avoit mis une
serviette sur sa tête, & une autre autour de lui, vint se jetter sur le jeune
homme : celui-ci se défendit vigoureuse-
ment ; mais enfin il fut terrassé, & comme il appelloit la fille par son nom, elle
lui mit la main sur la bouche : il lui
mordit les doigts, ce qui la fit crier ; &
s'appercevant que c'étoit elle, il lui dit
qu'il l'aimoit trop pour lui faire du mal.
Enfin, comme il avoit cassé en deux un
couteau de chasse que l'Abbé avoit pris
pour cette tragique expédition, ce misérable tira un rasoir de sa poche & lui
coupa la gorge.

Aussi-tôt l'Abbé & sa complice ne pen-
serent plus qu'à se sauver. L'Abbé laissa
sur la place sa soutane, le couteau de
chasse & le rasoir, que le jeune homme
eut encore la force de ramasser, & qu'il
porta quelques pas plus loin, où il tomba
mort. Comme les deux coupables pas-
soient devant le Châtelet, la fille, à l'as-
pect de cette Prison, ne put tenir contre les remords de son crime, & s'adressant à l'Abbé : « Vous venez, lui dit-elle,
» de me faire tremper dans une affaire
» bien noire ; tôt ou tard Dieu en tirera
» eance : à quoi tient-il que nous
» nous rendions présentement prisonniers

(18)

» nous-mêmes. » L'Abbé répondit : Ah
malheureufe, quelle penfée ! Je ne peux
périr que par vous ; il faut ou que vous
partiez en diligence pour la campagne, ou
que je vous coupe la gorge. Elle lui dit :
Où voulez-vous que j'aille ? Je fçais que
je ferai toujours la victime de ceci. Il lui
répondit : Allez-vous-en dans mon pays ,
ne vous mettez en peine de rien.

Il fallut en attendant chercher un afyle. Il la mena dans une Eglife, & la laiffa
dans un Confeffional , où quelque temps
après il l'envoya chercher par une perfonne qu'elle connoiffoit, pour la conduire dans une maifon. Elle avoit quitté
fa robe & l'avoit mife dans fon paquet,
& elle étoit en cafaquin lorfqu'elle entra dans cette maifon. Après qu'elle y
fut entrée, il y vint quelqu'un qui dit
qu'on avoit affaffiné la nuit derniere un
jeune homme. Elle changea de couleur,
& on s'en apperçut : cependant elle fit
plufieurs queftions comme pour s'infor-
mer du fait.

Le foir, on vint la chercher pour la
faire retourner chez elle, parce qu'il paroiffoit qu'elle n'étoit pas foupçonnée ;
elle laiffa fon paquet dans la maifon ; &
dès qu'elle fut fortie, la maîtreffe de cette
maifon eut la curiofité de le vifiter. Elle

y trouva la robbe teinte de sáng parde-
vant. Elle se souvint de l'avoir vu chan-
ger de couleur, lorsqu'on avoit parlé de
cet assassinat, & elle conjectura qu'elle
pouvoit en être coupable. Elle en parla
à quelqu'une de ses voisines, & ainsi la
chose transpira.

Après quelques jours, l'Abbé fit partir
sa complice pour Strasbourg, & il se char-
gea du soin de faire vendre ses meubles.
Il lui arriva bien des contre temps dans son
voyage. Elle eut beaucoup de peines &
de fatigues à essuyer. Comme elle avoit
pris des routes détournées, & que quelquefois elle manquoit de voiture, elle
étoit obligée de temps en temps de marcher à pied, portant son ballot sur ses
épaules pendant plusieurs lieues. Elle se
trouva même réduite à un extrême besoin, & obligée de vendre à vil prix une
partie de ses petits effets.

Enfin arrivée à Strasbourg, comme elle
étoit fort adroite à plusieurs ouvrages,
elle y trouva bientôt de quoi s'occuper
& gagner sa vie : elle y passa quelque
temps, & ensuite elle reçut une Lettre de
l'Abbé, par laquelle il lui donnoit avis
qu'ils étoient soupçonnés d'être auteurs
de l'Assassinat du jeune homme ; qu'on
avoit eu vent qu'elle étoit à Strasbourg,

qu'en conséquence on avoit donné son signalement pour la faire chercher & l'arrêter, & qu'il étoit nécessaire qu'elle sortît de cette Ville en diligence. La chose étoit aisée ; elle n'avoit que le Rhin à passer pour se mettre en sureté sur les terres d'Allemagne ; mais malgré l'avis si positif qu'elle reçut, elle ne put se déterminer à partir dans le moment, & elle remit son départ au temps qu'elle auroit fini les ouvrages qu'elle avoit commencés.

Trois jours après, lorsqu'elle les finissoit, les gens de la Justice arriverent à la maison où elle demeuroit. Son Hôtesse effrayée dit, dans le dessein de la sauver, qu'elle n'y étoit pas, & saisit le moment pour l'avertir de s'évader ; mais il n'en étoit plus temps : ces gens qui étoient sortis sur la parole de l'Hôtesse, avoient une mouche à la porte de la rue. La pauvre fille l'apperçut par la fenêtre de sa chambre, & elle dit à son Hôtesse : C'est moi que l'on cherche, je suis une fille perdue.

Cependant les mêmes gens revinrent une demi-heure après, & demanderent si Mademoiselle Leclerc étoit rentrée : l'Hôtesse répondit qu'elle y étoit. Ils monterent à sa chambre, où après l'avoir envifagée , ils lui dirent qu'ils s'étoient trompés , que ce n'étoit pas elle qu'ils demandoient, qu'elle n'avoit aucun des traits de celle qu'on leur avoit indiquée. Ils étoient prêts de s'en retourner : mais elle leur dit que c'étoit elle-même qu'ils cherchoient , leur déclina son véritable nom , & ajoûta qu'il s'agiſſoit d'un tel crime pour lequel on la cherchoit ; que c'étoit elle qui l'avoit commis , & qu'il n'y avoit qu'à la conduire en priſon , mais qu'elle prioit ſeulement qu'on le fît ſans éclat. On lui objecta qu'elle ne portoit pas la robe qu'on leur avoit indiquée ; à quoi elle répondit , qu'elle étoit dans ſon portemanteau , & qu'elle alloit leur montrer une tache de ſang qui y étoit reſtée. Ces indices convainquirent que c'étoit elle qu'on demandoit , & on la conduiſit en priſon.

Depuis ce jour juſqu'à celui qu'elle eut été transférée à Paris au grand Châtelet, & interrogée par M. le Lieutenant Criminel , elle ſe ſentit un très-grand mal de tête , qu'elle remarqua ne ſe diſſiper , qu'à meſure qu'elle avouoit ſon crime dans ſes interrogatoires , qui furent très-longs , & qui ne la quitta entierement que quand M. le Lieutenant Cri-

minel lui eut dit que ſes interrogatoires
étoient finis.

La premiere fois qu'elle parut devant
lui, la préſence de ſon Juge l'ayant effrayée, elle biaiſa d'abord ; mais auſſi-
tôt qu'on lui eut préſenté ſa robe de
chambre, la ſoutane de l'Abbé & les
autres preuves muettes du délit, elle
avoua ſon crime, en déſigna juſqu'aux
moindres circonſtances, & ne contredit
les témoins en rien de ce qu'ils diſoient.
Seulement il arriva que dans les con-
frontations, il y en eut un qui avoit dit
fauſſement que l'Abbé lui avoit déclaré
en ſa préſence, que c'étoit elle qui l'a-
voit porté à faire cet aſſaſſinat : elle le reprit, mais ſans aigreur, & le fit reſſou-
venir qu'elle avoit reproché devant lui à
ce miſérable, qu'il l'avoit plongée dans
une affaire bien mauvaiſe, & qu'il lui
avoit répondu, que ſi elle ne s'y étoit
pas prêtée, il lui auroit coupé la gorge.
Le témoin en convint, & M. le Lieutenant Criminel fut indigné contre lui, de
ce qu'il avoit avancé un fait ſi oppoſé à
la vérité. Comme le témoin étoit auſſi
accuſé en priſon pour la même affaire,
M. le Lieutenant Criminel demanda à
la coupable, ſi celui qui avoit voulu la
charger n'étoit pas lui-même complice ;

elle répondit que non. Le Magiſtrat lui dit qu'elle n'agiſſoit pas comme ce témoin qui cherchoit à aggraver ſon crime, & qu'elle, au contraire, le déchargeoit. Mais elle répondit qu'elle ne devoit dire que l'exacte vérité. On ſçait même qu'elle a toujours aſſiſté depuis avec beaucoup de charité ce même particulier, à qui elle faiſoit part de quelques ſecours que des perſonnes lui donnoient.

La premiere fois qu'on fut dans l'endroit où elle étoit enfermée au grand-Châtelet pour lui faire part des aumônes qu'on diſtribuoit aux pauvres Priſonniers, on voulut lui lire, ſelon l'uſage, quelque choſe du ſaint Evangile ; elle s'offrit de le faire, & on y conſentit : après quoi on lui en fit une courte explication, pendant laquelle elle verſa beaucoup de larmes.

Huit jours après, les mêmes perſonnes y retournerent ; elle lut encore un paragraphe du nouveau Teſtament, & comme elle pleuroit pendant qu'on lui diſoit quelque choſe ſur l'endroit qu'elle venoit de lire & ſur l'uſage qu'elle devoit faire de ſon état, on l'excita à parler, pour juger ſi ces larmes étoient des larmes de pénitence, ou ſi elles n'avoient pas plutôt pour objet les liens de la captivité,

Mais on fut surpris & édifié des sentimens vifs & pleins de foi, qu'elle expri-
ma de suite dans les propres termes qui
suivent.

» Je suis sensible, Messieurs, à votre
» charité. Je ne sçaurois assez admirer
» la bonté de Dieu, qui veut bien encore
» se souvenir d'une misérable pécheresse
» comme je suis, en vous envoyant vers
» moi pour me fortifier. Ma vie ne sera
» pas assez longue pour reconnoître ses
» miséricordes. Il fait bien voir dans ma
» personne qu'il est le Dieu des pécheurs,
» le Dieu des misérables. J'ai mené jus-
» qu'à présent une vie remplie de cri-
» mes & d'iniquités. Il m'a laissé mar-
» cher dans la voie corrompue où je cou-
» rois, & c'est dans le temps où je me
» suis plongée dans le fond de l'abîme,
» en commettant un crime énorme, qui
» mérite les plus grands supplices de la
» part des hommes ; c'est dans ce temps
» même que la bonté de Dieu est venue
» au-devant de moi. Sa miséricorde sem-
» bloit m'attendre à cet abîme affreux
» pour me tendre la main, afin de m'em-
» pêcher de périr éternellement. Je bé-
» nis le moment que j'ai été arrêtée &
» conduite ici : je ne m'y suis pas en-
» nuyée un seul instant. Que j'ai de graces

» ces à rendre au Seigneur ! Je pouvois
» fortir de France & je ne l'ai pas fait.
» Quoiqu'avertie qu'on fçavoit l'endroit
» où j'étois, je différois toujours à par-
» tir. Quelque chofe d'invifible fem-
» bloit me retenir, & c'étoit la bonté
» de Dieu qui me retenoit, parce qu'il
» vouloit me faire miféricorde. Si j'a-
» vois paffé dans l'Allemagne, j'aurois
» continué de vivre dans le défordre, &
» je ferois peut-être morte dans l'impé-
» nitence, au lieu que Dieu me fait la
» grace de me donner le defir de faire
» pénitence, & de lui offrir le facrifice de
» ma vie en expiation de mes crimes. Je
» fçais que ma famille fait des démarches
» pour folliciter ma grace : mais je fais
» des prieres continuelles pour qu'ils ne
» réuffiffent pas. J'attends la mort quand
» il plaira à Dieu ; j'écouterois avec plai-
» fir la lecture de ma fentence, fi on ve-
» noit me la faire à préfent, & je n'en-
» tendrois qu'avec peine celle de mes
» Lettres de grace. »

Elle étoit très-occupée de l'Abbé qui
l'avoit follicitée à ce crime ; elle prioit
fans ceffe pour fa converfion, & le re-
commandoit aux prieres de ceux à qui elle
en parloit : elle leur difoit n'avoir jamais
vû en lui aucun fentiment de Religion.

Elle sollicita ardemment M. le Lieutenant Criminel de lui donner quelqu'un
pour l'entendre & l'aider à faire sa Confession. On le lui refusa d'abord selon
l'usage : mais ce Magistrat étant touché
de ce qu'elle lui représentoit, qu'elle ne
seroit guères en état de faire une action
aussi importante quand une longue captivité & les douleurs de la question au-
roient épuisé ses forces, il consentit qu'elle se confessât au Chapelain du grand
Châtelet. Elle eut en lui beaucoup de confiance, & par une suite des miséricordes
du Seigneur, elle trouva en lui beaucoup
de charité & le don de la conduire avec
sagesse & une régularité conforme à la
discipline de l'Eglise sur les pécheurs.

Elle ajoûta cependant différentes choses à la pénitence qu'il lui imposa, accou-
tumant son corps à différens sacrifices
préliminaires, pour se préparer à celui
qu'elle devoit faire de sa vie par le supplice. Dans cette vûe elle jeûnoit quatre
fois la semaine au Châtelet ; elle ne mangeoit les Lundis & Mercredis qu'une fois
le jour ce que la charité de différentes personnes lui fournissoit, & elle attendoit
à faire son repas jusqu'à trois ou quatre
heures du soir, qu'on lui eût apporté une
portion. Ces jours-là elle ne buvoit pas

de vin. Les Vendredis & Samedis elle ne mangeoit que du pain & buvoit un peu de vin. A la Conciergerie elle se priva de vin & continua ses jeûnes, se faisant d'ailleurs un devoir de pénitence de toujours prier ou travailler, ou faire de bonnes lectures.

Ses prieres consistoient dans le Pseautier distribué, qu'elle récitoit aux heures de l'Eglise ; elle disoit Matines avant de se coucher, & se levoit à trois heures pour dire Laudes. Elle restoit en priere jusqu'à quatre heures qu'elle faisoit une amende honorable à Dieu, parce que c'étoit l'heure qu'elle avoit commis son crime. Elle restoit des temps considérables à pleurer devant Dieu ses péchés & à implorer sa miséricorde. Elle avoit une juste idée de la priere, & disoit un jour en parlant à ce sujet : Il me semble que quand on récite des prieres vocales, le cœur doit être d'intelligence avec les lévres, & qu'on doit se souvenir que c'est à Dieu que l'on parle, & que l'on y traite de l'affaire de son salut.

Elle ne laissoit pas néanmoins, quoique pénétrée de ces sentimens, d'éprouver quelquefois de grandes sécheresses, dont elle faisoit part aux personnes en qui elle avoit confiance ; mais dans ces occasions,

Dieu lui faifoit la grace de ne rien relâ-
cher de fon exactitude à fes exercices.
Elle reconnoiffoit la juftice de ce traite-
ment de Dieu fur elle ; & dans la crainte
de tomber dans le défefpoir, elle fe rap-
pelloit les vérités propres à combattre
la tentation, & ranimer fa confiance en
Dieu. Une fois entr'autres, il arriva que
l'épreuve vint à un point, que ne la pou-
vant plus fupporter, elle s'adreffa à Dieu
avec les plus vives inftances, pour le fup-
plier de l'en délivrer, & de lui rendre la
confolation de fa préfence fenfible. Elle
fut exaucée, Dieu lui rendit la paix de
l'ame, & il changea fes peines intérieures
en des maladies du corps, comme gale,
ulcerés dans la bouche, maux de jambes,
fiévres, &c. Il la délivra néanmoins de
tous ces maux environ quinze jours avant
fon fupplice, enforte qu'elle jouit alors
d'une parfaite fanté, ce qui lui fit dire
avec une forte de joie, „ que Dieu, en la
„ délivrant ainfi de toutes fes infirmités,
„ lui faifoit entendre qu'il vouloit une
„ victime faine & vivante, & qu'il n'y
„ eût rien de foible dans fon facrifice,
„ qu'elle avoit la confiance qu'il lui en
„ feroit la grace. „

Il ne faut pas omettre ici une autre remarque qui eft très-importante, c'eft

qu'à l'égard des tentations qui ont coutume d'affliger les perſonnes qui ont eu le
malheur de vivre dans l'habitude du crime, Dieu lui fit la grace de n'en éprouver
aucune depuis qu'il l'eut touchée. Son
abondante miſéricorde lui épargna ces
ſuites honteuſes, en conſidération du ſacrifice qu'elle fit d'elle-même par ſa ſoumiſſion au ſupplice qu'elle avoit méritée
& par la pénitence qui l'y prépara.

Ses lectures étoient le plus ordinaire-
ment le Nouveau Teſtament, la Vie des
Saints, l'abrégé des Confeſſions de S. Au-
guſtin, l'Imitation de Jeſus-Chriſt, qu'elle
trouvoit d'une grande beauté, & à laquelle
elle avoit recours quand elle avoit beſoin
de conſolation. Il eſt vrai qu'elle ſe plai-
gnoit de n'avoir pas de mémoire pour retenir ce qu'elle liſoit ; mais ſon cœur
conſervoit précieuſement la nourriture
qui lui étoit néceſſaire.

Quand on la transféra à la Conciergerie,
rie, où elle fut miſe d'abord dans les
chambres communes de la paille, elle
étoit inconſolable de ce que la ſociété où
elle vivoit ne lui laiſſoit pas la liberté de
ſuivre ſes exercices.

Comme la Chapelle n'eſt ouverte qu'en
certains temps, elle ne pouvoit y aller prier
Dieu autant qu'elle l'auroit ſouhaité ;

(30)

mais elle y paſſoit du moins tout le temps qu'elle étoit ouverte ; & pour ſe dérober aux mauvaiſes compagnies de ſa chambre, elle alloit s'enfermer depuis deux heures juſqu'à quatre dans les lieux communs, pour y faire en ſecret ſes prieres & ſes lectures.

Elle ſe conduiſit avec tant de ſageſſe & de douceur dans ce lieu, habité communément par des bêtes féroces qui ſe dévorent les unes les autres, que l'on y avoit recours à elle pour calmer les eſprits, & qu'elle prévenoit toutes les querelles autant qu'il dépendoit d'elle, en ſe ſacrifiant elle-même & ſes intérêts pour procurer la paix à ſes ſœurs. Par exemple, lui étant échû un lit où elle couchoit avec des perſonnes qui n'étoient pas infectées de gale & autres accidens ordinaires à ces lieux, elle entendit pluſieurs perſonnes murmurer de ce qu'elles n'étoient pas ſi bien échûes, elle voulut pluſieurs fois leur céder ſa place, au riſque de gagner ces infirmités, ſi les perſonnes qui ſe trouvoient bien de ſa compagnie y euſſent conſenti.

Il y eut auſſi une occaſion où elle fut affligée. Ce fut lorſque paſſant à la Chambre de la piſtole, on voulut l'empêcher de voir les Pauvres de la paille, à qui elle ai-

moit à rendre service, & qu'elle ne quit-
toit que pour avoir lieu de penser à son
salut, & faire ses exercices de piété avec
plus de liberté. Mais sa douceur gagna les
esprits, & elle trouva des tempéramens
pour continuer sa charité, & pour ne
choquer personne.

Comme elle aimoit beaucoup à entendre parler de Dieu & de la Religion, &
particulierement des vérités qui avoient
quelque rapport à son salut, elle en étoit
toujours occupée, & voici comme elle
en parloit dans une Lettre du 7 Décembre. « On compte que je serai jugée dans
» huit ou dix jours au plus tard ; je vous
» prie très-respectueusement de joindre
» vos prieres aux miennes, pour que
» Dieu me fasse la grace que sa sainte vo-
» lonté s'accomplisse, & que par ce moyen
» je puisse obtenir miséricorde, comme je
» l'espére : car quand je considere que les
» jugemens des hommes ne sont que la
» condamnation du corps, mais que Dieu
» est le Juge terrible, & qu'il connoît
» jusqu'aux plus secretes pensées de mon
» cœur ; je tremble & je frémis d'horreur
» à la vûe de mes crimes, qui me font
» horreur à moi-même. Je vous prie donc
» très-instamment de prier le Seigneur
» pour moi, & de me recommander aux

» prieres de tous vos amis. Je vous prie
» très-humblement de me venir donner
» quelqu'une de vos bonnes inftructions,
» lefquelles m'ont toujours fortifiée dans
» les fentimens qu'il a plû à Dieu de me
» mettre. »

Elle s'exprimoit ainfi dans une autre du dernier Décembre, après les fouhaits fur la nouvelle année. « Je fuis perfuadée » que vous ne m'oublierez pas dans tou- » tes vos prieres ; je vous prie de vouloir » bien les redoubler dans un temps qui » m'eft fi précieux ; car Dieu me fait plus » de graces que je ne mérite, & que je » n'aurois jamais ofé efpérer après l'avoir » tant offenfé : ce même Dieu me laiffe » encore quelques jours pour faire péni- » tence. Je vous prie de joindre vos » prieres aux miennes, pour que le Sei- » gneur me faffe la grace d'être en état » de lui offrir un facrifice agréable. »

Le temps que Dieu lui accorda depuis Noël jufqu'à fa mort, fut pour elle très-précieux, & elle y reçut beaucoup de graces. Elle lifoit l'Ecriture Sainte avec goût, en appliquoit les paffages à fon état avec intelligence, & ne pouvoit fe laffer fur-tout de lire le Sermon & la Priere de Jefus-Chrift après la Cêne ; c'étoit là qu'elle voyoit plus particulierement, difoit-elle, la tendreſſe du cœur de Jeſus-Chriſt.

Elle attendoit ſon ſupplice avec tran-quillité, ſans empêcher qu'on ſollicitât ſa grace, mais ſans ſe flatter de l'obtenir, & même ſans le deſirer. Elle écoutoit tranquillement ce qu'on lui diſoit de l'un & de l'autre, ajoûtant toujours : *Que la volonté de Dieu s'exécute.* Elle témoignoit même de la prédilection pour le ſupplice, comme propre à mettre fin à ſes péchés, à les lui faire expier, & à lui donner une ſorte de conformité avec Jeſus-Chriſt. C'eſt par un effet de ces ſentimens qu'elle dit un jour : « Quand je penſe que toute
» coupable que je ſuis, Dieu me réſerve
» un genre de mort qui approche ſi fort
» de celui qu'il a deſtiné à ſon Fils, qui
» étoit l'innocence même, je me trouve
» hors d'état de lui en témoigner ma re-
» connoiſſance, & d'expliquer la conſo-
» lation que j'y trouve ; c'eſt ce qui fait,
» *ajouta-t-elle*, que je n'ai jamais deſiré
» ma grace ; & d'ailleurs, qui ſçait ſi me
» retrouvant vis-à-vis mes miſeres &
» mes foibleſſes, je ne m'y livrerois pas
» de nouveau ? *Un autre jour elle diſoit :*
» Si je ſuis punie en ce monde, j'eſpere
» que je ne le ſerai pas en l'autre ; car
» Dieu étant la bonté même, ne me pu-

„ nira pas deux fois pour la même chofe. „

Comme on lui voyoit toujours des fentimens fi courageux, une perfonne voulant la prémunir contre l’impreffion vive
que pourroit lui faire l’idée du fupplice,
quand il feroit proche, lui confeilla de
demander à Dieu, par des prieres continuelles, qu’il lui confervât les fentimens
où elle étoit, & que lui-même fût fa
force. Elle remercia cette perfonne, &
lui dit qu’elle avoit déja fenti combien
la nature répugnoit en elle à fa deftruc-
tion ; mais qu’elle avoit une ferme efpérance que Dieu la foutiendroit par fa
miféricorde.

Elle ne fut pas long-temps fans éprouver
le befoin du fecours continuel de la grace,
qu’on l’avoit exhortée à demander. Ses parens, qui s’intéreffoient à fon fort, voulu-
rent fçavoir ce que contenoit en fubftance
fon interrogatoire , pour examiner s’ils
ne pourroient pas en faire quelque ufage
en fa faveur. Elle leur écrivit ce qu’elle
put s’en rappeller , & il en réfulta une
Requête qu’ils lui firent figner. Mais
cette Requête déguifant en quelques
points la vérité , elle n’eut pas la force de
réfifter aux inftances qu’on lui fit pour y
foufcrire. Mais à peine y eut-elle mis fon
nom , qu’elle en fut troublée ; elle dit

même sur le champ à ceux qui prirent sa signature : *Vous exposez là les choses comme vous voulez, mais quand je serai devant les Juges, je dirai toujours la vérité.* Elle se calma ensuite, par l'espérance qu'elle seroit à portée de réparer ce mal lorsqu'elle seroit sur la Sellette, ce qu'elle fit en effet, en y répondant avec candeur & simplicité ; elle s'est encore accusée publiquement de cette foiblesse le jour de son supplice.

Elle avoit beaucoup d'effroi de la question, à laquelle elle croyoit avoir été condamnée au Châtelet ; mais elle se le reprocha comme une foiblesse, & elle se disoit à elle-même : *Quoi donc ! tu parois disposée, par la grace de Dieu, à lui offrir le sacrifice de ta vie, & tu répugnes à souffrir quelques heures !* Depuis ce temps Dieu lui fit la grace de se soumettre de bon cœur à ce supplice, qu'elle regardoit comme la préparation à son sacrifice ; & elle disoit qu'après tout, ces douleurs seroient bien-tôt passées, & bien légeres pour expier ses crimes.

La nuit qui précéda son jugement au Parlement, elle fit quelque lecture, pendant qu'une autre prisonniere de sa chambre travailloit, & elle les termina par celle de la Passion de Jesus-Christ, qui

la mena jufqu'à une heure après minuit.
A une heure, fa compagne s'étant cou-
chée, elle lui dit qu'elle alloit faire fa
priere ; elle la fit en effet : mais ce qui en
étoit l'objet l'occupa tellement, qu'elle
refta dans cet exercice cinq heures de
fuite, & qu'elle ne s'apperçut du temps
qu'elle y étoit reftée, que quand fix heures du matin fonnerent.

Quand elle fut jugée au Parlement, elle
apprit, fans en être plus émue, que la
Sentence du Châtelet étoit confirmée.
Elle mangea auffi-tôt après ; ayant eu la
dévotion de paroître à jeun devant fes
Juges. Les perfonnes qui l'avoient affi-
ftée pendant fa captivité, allerent la voir
le même jour ; elle leur parut fort tranquille, & leur dit qu'elle fçavoit fon
jugement : elle n'en fçavoit pas néanmoins toutes les circonftances ; car elle
ignoroit qu'on lui avoit épargné le fupplice de la queftion. Un de ceux à qui
elle parloit le fçavoit ; mais il jugea à
propos de ne lui en rien dire, afin de lui
laiffer le mérite de la foumiffion à ce fupplice. On différa quelques jours de figner
l'Arrêt, à la follicitation de fa famille,
qui efpéroit toujours obtenir fa grace.
Elle s'en plaignit, & difoit qu'en différant
fon exécution, on faifoit refter en prifon

des perfonnes innocentes qui avoient
été arrêtées pour fon affaire, qu'il étoit
jufte de punir la coupable au plutôt,
afin de faire ceffer la captivité des innocens.

On lui ordonna d'ufer d'un peu de vin
à fes repas ; elle s'y rendit, difant qu'il
falloit non-feulement de la force d'efprit
pour ne pas déshonorer fon facrifice,
mais encore de la force du corps pour
foutenir les douleurs de la queftion.

Le Jeudi dix Janvier elle fut transférée le foir au Châtelet, pour fubir l'exécution de fon Jugement. Elle fe dépouilla
de ce qu'elle pût en faveur de quelques
pauvres Prifonnieres, & le lendemain
Vendredi, les perfonnes en qui elle avoit
confiance la virent. Elle auroit fouhaité,
leur dit-elle, pouvoir confommer ce jour-
là fon facrifice à l'exemple de Jefus-Chrift.
Mais on lui dit qu'elle étoit indigne de
cet honneur. On lui remontra que faint
Pierre, par refpect pour fon divin Maître, n'avoit pas voulu être crucifié de
la même maniere que lui, & que fi un
grand Apôtre avoit eu de pareils fentimens, à plus forte raifon une criminelle
comme elle devoit fe regarder comme
très-indigne d'avoir avec Jefus-Chrift
ce trait de reffemblance qu'elle défiroit.

Elle répondit qu'au moins elle espéroit que ce seroit pour le lendemain. On lui répliqua qu'elle devoit attendre les momens de Dieu, & que quand cela arriveroit, ce seroit une pécherefle de moins fur la terre. On lui rapporta les paroles d'un faint Prêtre *, qui difoit à un criminel comme elle : Il faut que vous foyez attachée à la Croix. Il y en a trois fur le Calvaire ; l'une eft celle de Jefus - Chrift, c'eft la Croix du Saint, de l'innocent ; vous êtes chargée de crimes, il ne vous appartient pas d'y prétendre. Une autre eft celle du mauvais Larron, qui y murmure, s'y impatiente, y blafphême, y meurt, & defcend en Enfer. La troifieme eft celle du bon Larron : c'eft un pécheur pénitent qui y confefle fes crimes, reconnoît que c'eft avec juftice qu'il fouffre le fupplice, met fa confiance en Jefus-Chrift, & obtient miféricorde. Voilà l'unique qui vous convienne. Elle faififfoit toutes ces vérités, & elles lui donnoient lieu d'exprimer les fentimens de fon cœur, & de dire des chofes admirables.

* *M. Tournus, qui fortoit fouvent de fa retraite pour aller inftruire & confoler les Prifonniers des Cachots.*

Elle vouloit paſſer la nuit du Vendredi au Samedi en priere, pour ſe préparer encore plus à ſa derniere heure ; mais
ſon Confeſſeur lui ordonna de ſe coucher ; elle obéit, & le pria de vouloir bien
achever d'entendre ſa confeſſion le lendemain matin , avant que l'Exécuteur fût
arrivé , dans la crainte que le ſpectacle
de ſa préſence ne troublât la paix de ſon
cœur.

Cependant comme on ſçavoit que tout
étoit commandé pour le lendemain , un
de ceux qui l'avoient vûe la veille fut la
voir dès le matin à l'Infirmerie ; il lui demanda où elle en étoit de ſon Office. Elle
lui dit qu'elle venoit de dire Primes , mais
qu'elle n'avoit pas encore lû ſon Chapitre du Nouveau Teſtament. Elle le pria
de lui en faire la lecture , & à toutes ſes
compagnes , & lui préſenta le douzieme
Chapitre de l'Epitre de S. Paul aux Hé-
breux , qu'il lut en le paraphraſant. Elle
étoit la premiere à ſaiſir tous les endroits
convenables à ſon état , & ce Chapitre
qui en eſt rempli , eſt un des plus conſo-
lans de l'Ecriture Sainte. Après la lecture , on récita Tierces à genoux : elle le
fit avec une piété des plus touchantes.
Enfin après Tierces , lorſqu'on étoit oc-
cupé à parler de choſes édifiantes , un

Guichetier vint l'appeller vers les neuf heures ; elle crut que l'Exécuteur l'attendoit en bas, elle se leva promptement pour courir à lui, en disant : Allons : mon Dieu, soyez béni. Elle ôta un de ses jupons pour le donner à une pauvre femme, ce qui lui causa beaucoup de froid pendant le reste du jour, & elle remit à celui qui étoit auprès d'elle, un petit Reliquaire, & quelques Livres qu'il lui avoit prêtés, elle ne se réserva qu'un extrait du Nouveau Testament qu'il lui avoit donné, & qu'elle portoit toujour sur sa poitrine : elle le pria de trouver bon qu'elle le gardât, disant que c'étoit sa force, & qu'elle désiroit expirer avec ce précieux trésor sur son cœur. Ses compagnes se mirent à pleurer, elle les embrassa toutes, & les consola, en disant : Qu'elle avoit plus besoin de leurs prieres que de leurs larmes ; qu'il étoit juste qu'une pécheresse comme elle allât subir la peine qui étoit dûe à ses crimes. Elle se tourna du côté de celui qui lui avoit fait la lecture, le remercia de sa charité, & lui dit que si Dieu lui faisoit miséricorde, comme elle l'espéroit, elle ne l'oublieroit jamais. En disant ces paroles, elle couroit en bas si vîte, qu'on ne pouvoit la suivre.

Elle croyoit y trouver l'Exécuteur ; mais le Guichetier lui dit que c'étoit Monsieur le Chapelain qui l'attendoit dans la Chapelle. Sa surprise fut pleine de joie, & elle s'écria : « Quoi ! j'aurai-» donc encore le bonheur d'entrer dans » le saint Temple du Seigneur ! » Monsieur le Chapelain & elle se mirent à genoux avant qu'elle commençât sa confession, & ils réciterent ensemble quelques Pseaumes de la Pénitence. Le Confesseur la voyant à côté de lui avec un extérieur si recueilli & si tranquille, ne put retenir ses larmes. Elle s'en apperçut, & pensant apparemment que c'étoit la rigueur du sort qu'elle étoit prête de subir qui l'attendrissoit sur elle, elle lui dit : » Quoi ! Monsieur le Chapelain, vous » pleurez ? Ne me donnez pas, je vous » prie, d'exemple de foiblesse. Ce ne » sont pas des larmes que Dieu demande » aujourd'hui de moi ; c'est une vie qu'il » faut lui offrir avec courage, j'espere » qu'il m'en fera la grace. Ne suis je pas » heureuse de pouvoir par-là obtenir mi-» séricorde ? »

Elle se confessa ensuite avec une présence d'esprit & une tranquillité parfaite. Elle demanda à son Confesseur la permission d'assister encore une fois au Sacrifice de Jesus-Christ , ajoutant qu'il lui sembloit que si elle avoit ce bonheur , elle y recevroit beaucoup de force , & qu'elle iroit ensuite avec joie offrir le sien. Quoique ce ne soit pas l'usage , on le lui permit , & on la mit dans la Sacristie qui est à côté de l'Autel ; elle reçut cette grace avec beaucoup de reconnoissance.

Après la Messe , Monsieur le Chapelain prit un Nouveau Testament pour lui faire une lecture. A l'ouverture du Livre , il trouva au Chapitre douzieme de l'Evangile de saint Jean , verset 23. ces paroles : *L'heure est venue que le Fils de l'Homme doit être glorifié* , & le reste jusqu'au verset 36 , il les paraphrasa , & y trouva des choses fort convenables à sa situation.

A midi , comme l'Exécuteur n'étoit pas encore arrivé , il lui proposa de déjeûner. Elle lui dit qu'elle avoit la dévotion d'offrir à Dieu son sacrifice à jeun. Il lui repliqua qu'il falloit qu'elle lui offrît encore le sacrifice de sa volonté , & lui ordonna de prendre quelques alimens , lui promettant de déjeûner aussi avec elle. Elle s'y soumit , & prit peu de chose.

A midi & demi on vint l'appeller.

Elle se leva aussi-tôt & dit : *Allons : mon Dieu, soyez béni, l'heure est venue :* se rappellant ces paroles de Jesus-Christ dont on lui avoit fait la lecture.

Elle trouva en bas deux Exécuteurs qui se saisirent d'elle. Elle leur dit : *C'est donc vous, mes amis ?* & leur présenta ses mains qu'ils garotterent. Celui qui les lioit lui demanda si elle n'étoit pas trop serrée, & s'il ne lui faisoit pas de mal. Elle lui dit : *Mon ami, vous ne sçauriez m'en faire assez, je ne mérite aucune considération.* Ils la conduisirent devant les Juges qui étoient assemblés.

Elle y parut avec une modestie & une tranquillité qui les édifia tous. Elle se mit à genoux pour entendre la lecture de son Jugement, & lorsqu'elle entendit ces mots, » atteinte & convaincue » d'être complice de l'assassinat, &c. » pour réparation de quoi, condamnée » d'être pendue & étranglée, &c. » elle leva les yeux au Ciel & dit : » Que votre » conduite est incompréhensible, ô mon » Dieu ! vous m'avez accordé dans votre » miséricorde du temps pour faire péni- » tence, pendant que la pauvre Victime » pour laquelle je suis justement condam- » née…. » Elle n'acheva pas.

Monsieur le Lieutenant Criminel lui

dit : Ma fille , levez-vous ; affeyez-vous.
On a fait ce qu’on a pû pour vous fauver la vie ; mais les Juges de la Terre
font aftraints à fuivre les Loix : on a
feulement adouci votre fupplice. Vous
n’aurez pas la queftion , en confidération
de la fincérité avec laquelle vous avez
confeffé votre crime. Vous avez bien
des graces à rendre à Dieu des fentimens
de componction qu’il vous a donnés , &
de ce qu’il vous a accordé du temps pour
faire pénitence. Il n’a pas fait la même
grace au pauvre miférable qui a été tué,
ni à l’Abbé qui eft fugitif , & qui peut-
être mourra dans l’impénitence. Profi-
tez du temps qui vous refte , il eft précieux ; je vous laiffe entre les mains de
Monfieur l’Abbé , qui vous dira de meil-
leures chofes que je ne pourrois vous en
dire.

Elle le remercia de ces fages avis ,
fe recommanda à fes prieres , & lui ajoûta : « Cependant , Monfieur , j’ai bien
» lieu de me plaindre de mes Juges. Pour-
» quoi ont-ils diminué les peines que
» j’ai méritées ? Loin d’adoucir mon fup-
» plice , il falloit en inventer de nou-
» veaux , pour me punir d’une maniere
» proportionnée à mes crimes. Mais je
» vois bien , Monfieur , ce que cela veut

» dire ; Dieu me veut faire voir qu'il ne
» me traitera pas lui-même dans toute la
» févérité de fa juftice, & qu'il ufera
» envers moi d'indulgence & de miféri-
» corde ; je l'efpere, & il m'en donne
» une ferme confiance. »

Monfieur le Lieutenat Criminel la
quitta, en lui difant qu'il reviendroit
vers trois heures ; ce qu'il fit. Elle ne
s'entretenoit toujours que de fon facrifice, dont elle parloit avec la plus grande
tranquillité, ayant dans le cœur un cal-
me parfait.

Comme plufieurs perfonnes en robe
entroient par curiofité dans la Chambre
où elle étoit, & qu'elle entendit qu'on
défendoit à la porte de laiffer entrer
perfonne ; elle pria qu'on laiffât entrer
ceux qui voudroient venir. N'eft-il pas
jufte, difoit-elle, qu'une péchereffe comme je fuis, ait toute la confufion qui
eft dûe à fes crimes ?

Elle avoit toujours un Crucifix dans
les mains, & elle ne le quitta qu'à la
Potence. Il arriva dans l'après-midi que
les cordes dont elle avoit les mains liées
fe dénouerent toutes feules ; elle en fut
étonnée, & dit : Ah ! Ah ! relions-les ;
& comme elle tournoit elle-même les
cordes autour de fes poignets du mieux

qu’elle pouvoit, Monfieur le Lieutenant
Criminel qui s’en apperçut, lui dit de
refter comme elle étoit, enforte qu’on
ne les lui lia que lorfqu’il fallut partir
pour l’exécution.

Ce fut à fix heures du foir qu’elle partit, & quoiqu’il n’y eût pas de Sentence
imprimée, le bruit de fa pénitence y
attira beaucoup de monde. Il y avoit
dans des chambres à la Grêve des perfonnes affemblées pour y prier. Elle y
arriva avec une modeftie & un air de
piété qui étoient peints fur fon vifage, &
qui édifioient ceux qui y étoient préfens.
Elle étoit dans une tranquillité d’efprit
fi parfaite, qu’appercevant au milieu de
la Place deux perfonnes qu’elle connoiffoit, elle les falua très-gracieufement. Ce
fpectacle que l’on voyoit à la lueur de
nombre de flambeaux, paroiffoit plutôt
le facrifice d’une pénitence, que le fupplice d’une Criminelle. Le moment étant
arrivé, les Exécuteurs la firent defcen-
dre de la Charrette, & la conduifirent au
pied de l’Echelle, où ils la lierent. Elle les
pria de lui laiffer les mains jointes, ce
qu’ils firent, & elle baifa plufieurs fois
celles de celui qui les lui lioit.

Le Docteur qui l’accompagnoit entonna le *Salve, Regina:* elle le chanta entiere-

ment avec le peuple, d'une voix forte &
mélodieuse. Ensuite de quoi les Exécuteurs l'éleverent à deux pour l'attacher
à la Potence. Pendant qu'ils l'élevoient,
elle paroissoit être dans une grande joie,
elle tourna la tête du côté du bois où
elle alloit être suspendue, comme pour
le baiser, mais elle en étoit trop éloignée.
Le Docteur monta ensuite à l'Echelle,
& lui présenta le Crucifix, qu'elle baisa ;
après quoi il entonna *O Crux, ave ;* elle le
chanta aussi ; mais comme il le répéta
deux autres fois, elle ne chanta plus, &
profita des momens qui lui restoient,
pour faire à haute voix la Priere suivante,
que des personnes qui étoient près de la
Potence ont recueillies.

” O mon Dieu, voici donc l'heureux
” moment arrivé, que vous allez faire
” miséricorde à une misérable pecheresse !
” Quoi, mon Dieu ! dans un moment !
” dans un moment, mon Dieu, j'aurai
” le bonheur de vous voir ! O mon Dieu,
” que de graces ! Que vous êtes bon,
” Seigneur ! Vous faites bien voir dans
” ma personne que votre miséricorde est
” sans bornes. Pardonnez-moi donc mes
” péchés, ô mon Dieu ! Je vous le de-
” mande au nom & par les mérites de
” mon Seigneur Jesus-Christ votre Fils.

» Recevez mon sacrifice en considération
» de celui qu'il vous a offert pour moi.
» Faites que ma mort devienne précieuse
» à vos yeux, ô mon Dieu ! & que les
» pécheurs qui sçauront ce que vous faites
» aujourd'hui pour une si grande péche-
» resse, apprennent à ne jamais déses-
» pérer de votre miséricorde. »

Le Docteur lui fit encore baiser le Crucifix, & elle dit : *Seigneur Jesus, recevez
mon esprit.* Comme elle finissoit ces paroles, l'Exécuteur fit sa fonction, & elle
rendit son ame à Dieu, après huit mois
de prison.

L'exécution étant faite, on remit le
corps à des personnes qui avoient obtenu
la permission de la faire inhumer, en considération des sentimens de pénitence que
Dieu avoit mis en elle ; il se trouva plusieurs Dames de piété qui avoient été
exprès pour l'ensevelir. On posa le corps
dans un cercueil, & on lui donna aussi-
tôt la sépulture chrétienne, dans le Cimetiere, où elle est, en attendant le jour
du Seigneur.

Je souhaite, Monsieur, avoir satisfait
à ce que vous desirez de moi. Je ne doute
pas que votre piété ne soit édifiée d'un
récit où la miséricorde de Dieu sur les
plus

plus grands pécheurs paroît d'une ma-
niere si éclatante.

Priez pour ma conversion ; & me re-
commandez aux prieres des amis à qui
vous communiquerez ma Lettre, que
j'ai écrite, dans la seule vûe que la louange
& la gloire en soit rapportée à la grace
de celui, qui est venu appeller les pécheurs
à la pénitence.

C

RELATION

De la Prison & de la Mort édifiante d'une Fille, exécutée à Pithivier, le 3 Janvier 1767, âgée de vingt-huit ans.

NOus regardons comme un devoir indifpenfable, de publier tout ce qui peut fervir à glorifier Dieu & à édifier le Prochain ; c'eft dans cette vûe que nous allons rapporter la mort édifiante d'une Fille, qui a été exécutée le 3 Janvier 1767.

Cette mort eft fans doute humiliante, puifqu'elle annonce la punition d'un crime ; mais elle eft devenue glorieufe à la grace & à la miféricorde infinie du Seigneur, qui, par les excellentes difpofitions qu'il a mifes dans le cœur de cette Pénitente, lui a fait faire de fon fupplice un facrifice d'expiation pour fes péchés. Son exemple, d'ailleurs, peut beaucoup fervir à plufieurs de ceux ou celles qui ont le malheur d'être engagés dans le même état, & leur apprendre la conduite qu'ils doivent tenir pour trouver la vraie confolation dans leurs peines, en leur montrant la reffource infinie que notre fainte Religion offre aux plus miférables.

Cette Fille avoit pris en fervice le nom de Marguerite, & c'eft fous ce nom feulement que nous la défignerons.

Née de Parens honnêtes, elle avoit reçu une bonne éducation, dont malheureufement elle n'avoit pas profité ; mais qui cependant a porté du fruit dans fon temps, par la miféricorde de Dieu.

Après être fortie du fein de fa famille, elle entra en condition. Elle fervit en dernier lieu une Dame de Pithivier, chez laquelle elle prit de l'argenterie & du linge le 17 Août 1766, & s'en alla à Ecrêne, qui eft à une lieue de Pithivier. Elle fut dénoncée à la Juftice le 18. Le même jour la Dame ayant appris où elle étoit, s'y tranfporta avec un de fes parens, & Marguerite lui reftitua fes effets. On confeilla à cette Fille de s'éloigner, de peur d'être prife. Le 22 la même Dame ayant appris qu'elle étoit indifpofée à Châtillon-le-Roi, à trois lieues de Pithivier, y alla, & lui reprit un cafaquin & un jupon qu'elle lui avoit donnés ; mais feulement dans le cas qu'elle fut reftée à fon fervice. Elle lui fit alors de nouvelles inftances pour qu'elle fe fauvât promptement, de crainte qu'elle ne tombât entre les mains de la Maréchauf-fée qui la cherchoit, & lui indiqua même le chemin qu'elle devoit prendre. Marguerite lui répondit qu'elle l'avoit ef-fayé, mais qu'il y avoit quelque chofe qui la retenoit, & qu'elle ne faifoit que tourner. Comme elle étoit cependant d'une vivacité & d'une agilité extraor-dinaire, elle tenta de nouveau de mettre en pratique l'avis de fa Maîtreffe, & en-tra dans le chemin qu'on lui avoit indi-qué. Après quelques pas, elle fe fentit arrêtée par une main invifible, & obli-gée de s'affeoir. Elle s'endormit pendant quatre heures. A fon réveil, voyant fes efforts inutiles, elle retourna à Châtillon, où les Cavaliers de la Maréchauffée en-trerent. Dès qu'ils la virent, « C'eft vous, » lui dirent-ils, que nous cherchons. » » Si c'eft moi, leur répondit-elle, me » voici. » Alors elle répandit beaucoup de larmes. La Brigade touchée de com-paffion, & voulant lui épargner la honte d'entrer à Pithivier en plein jour, ne re-tourna qu'à onze heures du foir dans la ville.

Le Seigneur, qui eft riche en miféri-corde, jetta fur elle un regard de bonté, dès qu'elle fut dans les liens : & comme il n'avoit permis cette faute que pour faire éclater en elle la gratuité de ses dons, & la puissance de sa grace, il lui fit sentir dès ce moment la grandeur de sa faute, & lui mit dans le cœur un ardent desir de satisfaire à sa justice.

Ces heureuses dispositions furent secondées par un bon Garçon, que Dieu lui suscita, qui, sous un dehors simple, avoit un cœur d'Apôtre.

Ce Garçon, plein de foi, de zéle & de générosité, lui procura tous les moyens de salut qu'il put : car quoique éloigné de Pithivier d'une lieue, il venoit fréquemment la voir, afin de la disposer au sacrifice de sa vie, qui ne pouvoit pas être éloigné ; son crime étant de la nature de ceux que la Justice des hommes punit avec la plus grande sévérité. La Fille de son côté, pour s'y mieux préparer, fit une confession générale ; & depuis ce moment, on la vit bientôt croître en amour pour la pénitence, pour la priere, & pour la lecture des bons Livres qu'elle goûtoit, parce qu'elle avoit un bon esprit, & que Dieu lui parloit au cœur. Le premier fruit qu'elle tira des instructions qu'elle recevoit, fut de se persuader qu'elle ne devoit point travailler à conserver sa vie aux dépens de la vérité. Craignant donc de n'avoir point affez donné d'éclairciffemens à fes Juges, lorfqu'ils l'avoient interrogée, elle les fit prier de vouloir bien lui faire fubir un nouvel interrogatoire, dans lequel elle fit une efpece de confeffion générale, donnant les preuves des infidélités qu'elle pouvoit avoir commifes, dont elle feule avoit une parfaite connoiffance, & fur lefquelles elle n'étoit point interrogée : le feul defir de fauver fon ame, la porta à faire cette démarche ; elle figna même fon interrogatoire. Cette conduite lui attira l'admiration de fes Juges.

Plufieurs jours après, des perfonnes, par une fauffe compaffion, l'exhorterent à défavouer ce qu'elle avoit déclaré, afin de fauver fa vie. Elle eut horreur d'une pareille propofition, & répondit qu'elle avoit commencé à dire la vérité, & qu'elle étoit dans la ferme réfolution de la dire jufqu'à la fin, qu'elle fe feroit un grand fcrupule de retarder fa mort d'une minute.

D'autres perfonnes lui ayant demandé comment, ayant de l'efprit & des fentimens, elle avoit pû commettre une femblable faute.

« Si on faifoit bien réflexion, leur » répondit-elle, on ne feroit jamais de » mal. »

S'entretenant un jour avec le bon Garçon fur les écueils de cette vie, & fur
les avantages qu'il y avoit pour elle d'en
être délivrée :

» Nous fommes fi foibles, lui difoit-
» elle, lorfque nous nous voyons dans
» l'affliction & dans les périls, nous for-
» mons des projets de réforme & de con-
» verfion, qui s'évanouiffent prefque auf-
» fi-tôt que les dangers font paffés : fi
» j'étois hors de l'état dans lequel je fuis,
» & que la grace de Dieu m'abandonnât,
» je ferois tout ce que j'ai fait. »

Ses Juges lui ayant fait la lecture de
fon dernier interrogatoire, elle y perfifta.
Ils la condamnerent, quoiqu'à regret,
parce que les Juges ne font point les
maîtres de la loi, mais feulement fes In-
terprêtes. Il y eut, comme il eft d'ufage,
appel de la Sentence ; & elle fut envoyée
avec les fers aux pieds à Paris, pour y être
jugée de nouveau.

Elle entra à la Conciergerie le 27 Oc-
tobre, & fut mife dans la chambre de
la paille. Tout ce qu'elle avoit fouffert
jufques là, n'étoit rien, en comparaifon
de la douleur qu'elle eut de fe voir ren-
fermée avec plufieurs autres Prifonnieres, dont la bouche vomiffoit des jure-
mens & des horreurs. Son cœur plein de

zele pour la gloire de Dieu, étoit fenfi-
blement affligé des outrages que l'on faifoit à fon faint Nom. La mort lui paroiffoit un gain, vis-à-vis une telle fitua-
tion. N'oubliant pas toutefois qu'elle étoit
elle-même criminelle, elle s'humilioit
devant le Seigneur de fes péchés, & ren-
doit gloire à celui qui daignoit lui ouvrir
les yeux fur fa mifere, tandis qu'il en laif-
foit tant d'autres dans l'endurciffement.

La tribune de la Chapelle où elle avoit
la liberté d'aller, fut l'afyle où elle fe re-
fugioit, pour aller répandre fon ame
devant Dieu; elle y difoit fon Office dans
un Pfeautier à l'ufage de Paris, & y paf-
foit une partie de la journée à prier & à
lire les excellens Livres qu'une perfonne
charitable lui apportoit : car Dieu, qui
veilloit fur elle, lui fit trouver à Paris
les mêmes fecours qu'à Pithivier.

Un ami du bon Garçon qui lui avoit
rendu tant de fervices dans fa premiere
Prifon, continua de lui rendre les mêmes offices à la Conciergerie. Il l'alloit
voir fouvent pour la confoler, l'animer,
& la préparer à fon facrifice. Il ne fortoit
jamais d'avec elle, qu'édifié des fentimens
qu'elle faifoit paroître. Il apprit qu'elle
étoit auffi l'édification de la Prifon ; un
Geolier lui en parloit les larmes aux yeux,

& l'exhortoit à venir la voir très-souvent.
Plufieurs Prifonnieres de fa chambre di-
foient que cette Fille avoit une grande
religion : tout en elle infpiroit l'amour
de la vertu : elle avoit fçu gagner le cœur
du plus grand nombre, par fa douceur,
fon humilité, fa patience & fa charité :
car elle partageoit avec elles les petits fecours temporels qu'elle recevoit elle-même. Elle profitoit de la confiance & de
l'eftime qu'elle s'étoit acquife dans fa
chambre pour y faire en commun de bonnes lectures, lorfque la lampe étoit allu-
mée, & il paroiffoit qu'elle étoit écoutée
avec plaifir.

Les Livres qu'elle leur lifoit étoient le
Nouveau Teftament, l'Imitation., les
Actes des Martyrs, & la Confolation des
Prifonniers, qu'elle lut quatre fois. Elle
n'avoit pas de plus grande confolation
que de lire les Livres de piété.

Lorfqu'elle appercevoit des Prifonnieres qui avoient quelque defir de s'inftruire, elle leur en prêtoit volontiers. La
Relation de Mademoifelle Leclerc fit une
impreffion de joie fur elle, qu'il feroit
très-difficile d'exprimer.

Marguerite fut interrogée le 5 Décembre, & renvoyée à fon premier Jugement.
Elle fit prier plufieurs fois M. le Chape-

lain de l'entendre en Confeſſion ; mais elle eut la douleur de n'être point exau- cée : elle attribua ce refus à la perverſité du lieu qu'elle habitoit, & à ſon indi- gnité perſonnelle. Elle ſe refugia aux pieds de Jeſus-Chriſt, & ne penſa plus qu'à chercher ſa conſolation dans la médita- tion de ſa Paſſion.

Nous ne croyons pouvoir mieux expri- mer les ſentimens d'humilité dont elle étoit pénétrée, qu'en donnant l'extrait d'une Lettre qu'elle écrivit le 11 Décem- bre. « Je ſuis, dit-elle, une Péchereſſe » indigne d'être regardée, & qui ne mé- » rite que d'être foulée aux pieds de tout » le monde ; je le ſens & le confeſſe dans » toute l'amertume de mon cœur, & j'eſ- » pere fermement que le Seigneur, qui » eſt venu appeller les Pécheurs à la pé- » nitence, voudra bien, dans ſa grande » miſéricorde, recevoir la mienne, que » j'accepte de tout mon cœur ; j'adore la » miſéricorde de Dieu ſur moi, de m'a- » voir arrêtée dans les voies de l'iniquité, » dans leſquelles je pouvois mourir; au lieu » qu'il m'a fait la grace de me fournir les » moyens d'en faire pénitence. Deman- » déz pour moi d'y perſévérer juſqu'à la » fin, &c. »

Ce qui étonnoit plus les autres Pri-

(59)

fonnieres , c'étoit d'apprendre de fa bouche , qu'elle s'étoit accufée elle-même.

Marguerite, dont les vues étoient bien
plus élevées , avoit abandonné fon fort
entre les mains de Dieu. Elle fçavoit
qu'elle ne pouvoit fe cacher aux yeux de
celui qui connoît nos penfées les plus fe-
cretes : & elle regardoit comme un devoir indifpenfable d'en donner une parfaite connoiffance aux Magiftrats , pour
être jugée felon les Loix. Elle portoit
écrit fur elle , & gravé dans fon cœur ,
ces paroles de Job :

« Quand Dieu me tueroit , je ne laiffe-
» rois pas d'efpérer en lui , en m'accu-
» fant devant lui de mes fautes. »

Elle fut volée trois fois par fes compagnes ; mais elle le fouffrit en paix , &
n'en fit aucunes plaintes à la perfonne
qui la vifitoit.

Ayant appris que fon Jugement étoit
confirmé , & qu'il n'auroit fon exécution
qu'à Pithivier , elle reffentit une grande
joie , & témoigna un grand empreffement
pour partir , afin de n'être plus expofée à
entendre les mauvais difcours des perfonnes avec lefquelles elle étoit obligée
de vivre.

La douleur que lui caufoient les difcours de ces Prifonnieres & leur mau-

vaife conduite, firent une telle impreffion fur elle qu'elle en tomba malade.
Mademoifelle Morin, Tréforiere de la
Prifon, en étant informée, la fit mettre
à l'Infirmerie le 17 Décembre. Cette ver-
tueufe Demoifelle dit que depuis douze
ans qu'elle fe mêloit des Prifonniers, elle
n'avoit encore vû que cette Fille & une
autre perfonne, en qui elle eut trouvé de
fi grands fentimens de religion. La fanté
de Marguerite s'étant un peu rétablie,
elle partit le 21 Décembre pour Pithivier, munie de bons Livres. Le plus
grand nombre de fes compagnes fentirent
alors la perte qu'elles faifoient, & lui en
témoignerent leurs regrets par leurs larmes. « Ce n'eft point, leur dit-elle, de
» vos larmes que j'ai befoin ; mais de vos
» prieres.

Le Geolier chargé de lui mettre les
fers aux pieds n'en eut pas le courage ;
tant il étoit pénétré de douleur de voir
cette Fille partir pour fon fupplice avec
une conftance qui le furprenoit. Il pria
un de fes camarades de faire cette fonction pour lui. Etant arrivée le 22 à Pithivier, elle fut vifitée par fon Confeffeur & par le ferviteur de Dieu, qui
avoit pris tant de foin d'elle pendant fa
prifon en cette ville, & qui redoubla

alors ſes bons offices. Marguerite le pria
de ne la point abandonner juſqu'au moment de ſa mort, ce qu'il lui promit.

On remarqua en elle un redoublement
de ferveur, & un deſir bien ſincere de
ſatisfaire à la juſtice divine ; & en même-temps une grande confiance dans les
mérites de Jeſus-Chriſt, & dans la miſéricorde de Dieu. Elle ne penſa plus
dès-lors qu'à attirer par ſes jeûnes & par
ſes prieres, la grace de ſouffrir en eſprit
de pénitence, la mort qu'elle regardoit
comme prochaine. Elle diſoit tous les
jours les Pſeaumes de la Pénitence. Comme la curioſité attiroit du monde aux fe-
nêtres de la Priſon, & quelquefois même
dedans, elle en profitoit pour leur faire
des lectures de piété. Elle liſoit bien, &
avec beaucoup de diſcernement, faiſant
des remarques ſur ce qui la touchoit le
plus. Elle fit la lecture de la Relation de
Mademoiſelle Leclerc à la famille du
Geolier, & la prêta à pluſieurs perſonnes ; & cette Relation fut tranſcrite trois
fois.

L'honnête liberté qu'elle avoit dans la
Priſon, fit répandre le bruit qu'elle avoit
deſſein de s'évader ; ſur le rapport qu'on
lui en fit, elle dit : « Je n'en ai jamais eu
» la penſée, & ſi je l'avois, j'en regarde-

›› rois l'exécution comme un grand péché.
›› Je suis sous la main de Dieu, je veux y
›› demeurer.

Un Menuisier l'étant venue voir, lui offrit de lui faire & de lui donner une biere, si elle étoit exécutée. Son épouse voyant qu'elle le feroit, s'y opposa. Marguerite étant informée que la femme n'y consentoit pas, y renonça, de peur que cela ne causât quelque dissention dans leur ménage.

Le 2 Janvier, veille de sa mort, elle fit prier la Dame chez qui elle avoit servi, de la venir voir. Elle lui demanda humblement pardon de sa faute. Cette Dame en fut vivement touchée, & lui représenta qu'il n'avoit pas tenu à elle qu'elle ne se fut sauvée, après tout ce qu'elle avoit fait pour l'empêcher de tomber entre les mains de la Justice. Elle lui répondit qu'elle n'acusoit personne de sa mort, qu'elle-même, parce qu'elle étoit coupable, & que Dieu l'avoit ainsi permis.

Comme on faisoit le lendemain l'Office de sainte Geneviéve dans le Bréviaire de Paris, elle en dit les premieres Vêpres à deux heures, avec l'ami charitable qui lui servoit d'Ange tutélaire. Ces prieres furent suivies de lectures, entremêlées d'autres prieres.

(63)

A sept heures ils commencerent les grandes Matines de la sainte Vierge, à neuf leçons. Elle fit à neuf heures une légere colation, après laquelle on recommença les lectures par le Sermon de Jesus-Christ après la Cêne, auquel succéderent des prieres, qui conduisirent jusqu'à plus de onze heures. Elle vouloit passer le reste de la nuit en prieres, pour se préparer encore plus à sa derniere heure ; mais on lui conseilla de se reposer un peu, pour être plus en état de faire son sacrifice : elle obéit. A cinq heures on dit Laudes & Primes.

A six heures elle s'unit d'esprit & de cœur au sacrifice de la Messe, qu'on fit dire, pour obtenir de Dieu les graces dont elle pouvoit avoir besoin.

A sept heures elle s'informa si l'Exécuteur étoit arrivé : sur l'assurance qu'on lui en donna, elle pria qu'on la laissât quelque temps seule, ce fut le temps de son agonie. Étant entrée dans sa chambre, elle offrit à Dieu le sacrifice de sa vie par une ardente priere, au sortir de laquelle elle dit :

« Le courage m'avoit manqué ; mais » les forces viennent de m'être rendues. »

Depuis ce moment, elle ne fit plus paroître aucune foiblesse : elle se dépouilla de tout ce qu’elle pouvoit avoir, & fit donner fon tablier à une pauvre femme.

A huit heures & demie on dit Tierces, qui furent fuivies de la lecture de la Paffion.

A dix heures fon Confeffeur entra, il fut témoin de la tranquillité avec laquelle elle arrangea tout dans fa Prifon, en-voyant à chacun ce qui lui avoit été prêté ; & il ne put s’empêcher d’admirer fa paix & fa préfence d’efprit.

A onze heures les Juges vinrent pour lui lire fa Sentence : dès qu’elle les vit, elle les falua avec refpect & d’une ma-niere gracieufe, comme s’ils venoient lui annoncer une bonne nouvelle, fe mit à genoux, & écouta avec bien de l’atten-tion la lecture qui lui fut faite de fa Sen-tence : fon vifage, pendant toute cette lecture, conferva la plus parfaite féré-nité.

Lorfque la lecture fut achevée, elle dit : Dieu foit béni. S’étant levée, l’Exé-cuteur lui lia les mains. Auffi-tôt que les Juges & l’Exécuteur fe furent retirés, elle dit tout haut l’Oraifon Dominicale, la Salutation Angélique, le Symbole des Apôtres & le Confiteor.

N’ayant plus les mains libres, elle pria le charitable ami, qui lui fervoit comme d'Ange pour la soutenir, de recevoir le Christ, qu'elle portoit au cou, comme un gage de sa reconnoissance. Elle se le fit mettre sur les yeux, afin de les avoir toujours attachés sur Jesus-Christ cruci-fié. Sa présence d'esprit étoit telle, qu'elle demanda qui payeroit les deux cents li-vres d'amende, dont il étoit fait mention dans sa Sentence ; on lui dit que c'étoit une chose de style, & que ce seroit elle si elle avoit des biens fonds.

A midi, un pieux Ecclésiastique lui ap-porta un morceau de Pain beni, comme un signe de communion avec les Fideles, avec lequel elle rompit le jeûne & prit un bouillon, par obéissance.

On dit Sextes & Nones, à une heure & demie Vêpres & Complies, qui furent suivies des prieres des Agonisans, pendant lesquelles le Geolier ne pût retenir ses lar-mes, sur la perte qu'il alloit faire en per-dant sa Prisonniere, qui avoit soigné ses enfans avec un zèle admirable dans leur maladie de la petite-vérole, pendant sa premiere prison ; mais pour elle, toute occupée de son sacrifice, elle avoit les yeux très-secs, & pria qu'on lui attachât sur la poitrine une image représentant la Naissance de Jesus-Christ, avec tous les instrumens de la Passion.

À deux heures & demie, comme l'on faifoit du bruit devant la Prifon, elle difoit : Voilà qu'on vient me chercher, & étoit toujours toute prête à partir.

À trois heures moins un quart, l'Exécuteur étant entré, elle le pria de lui accorder un inftant : elle fe mit à genoux, fit fa priere à Dieu, lui demanda pardon avec les fentimens de la plus profonde humilité, baifa la terre & fe releva feule.

Alors l'Exécuteur la relia & garotta fuivant la coutume ; pendant ce temps-là elle prioit avec une grande ferveur, difant :

« Bienheureufe Sainte.... bienheureufe » Sainte...... mes Patrones. Mon faint » Ange Gardien, dont je n'ai point fuivi » les faintes infpirations.

» Bienheureufe fainte Geneviéve, dont » nous célébrons aujourd'hui la Fête, qui » eft le jour de ma mort.

» Tous les Saints & Saintes, venez » tous à mon fecours. »

L'Exécuteur fondant en larmes, lui dit : Je fuis bien fâché, Mademoifelle, car je vous fais bien du mal. Non, Monfieur, lui répondit-elle, vous ne m'en faites pas affez : dans le moment elle lui baifa deux fois les mains.

Étant prête à sortir de la Prison , elle dit :

« Si j'ai le bonheur d'entrer dans la gloi-
» re de Dieu, comme je l'espere bien de sa
» miséricorde , je ne cesserai de prier pour
» ceux qui ont travaillé à mon salut. »

En sortant de la Prison elle trouva la charrete à la porte , sur laquelle on comp-toit la faire monter ; mais elle demanda , comme une grace , qu'on lui permit d'aller à pied au lieu de son supplice , désirant d'avoir ce trait de ressemblance avec son divin Maître , le Chef & le modele des Pénitens. Elle l'obtint , & marcha à pied avec une constance & une fermeté qui étonnoient tous les spectateurs , quoiqu'elle eut les pieds blessés par les fers qu'elle avoit portés. La paix , la joie même , s'il est permis de le dire , étoient peintes sur son visage ; il sembloit qu'elle alloit , non à la mort , mais à un festin. Voyant d'un peu loin le lieu du supplice , elle hâta sa marche , en prenant par un chemin où l'on ne s'attendoit point qu'elle passeroit : y étant arrivée , elle y demeura environ un quart d'heure à prier dans un profond recueillement, pendant que l'Exécuteur attachoit l'échelle ; le voyant descendre , elle se retourna du côté de son Confesseur , le remercia très-respectueulement de la charité qu'il avoit eue pour elle, lui remit le Christ qu'elle avoit entre les mains, ensuite elle se remit elle-même entre les mains de l'Exécuteur, & monta toute seule à l'échelle; y étant, elle dit :

« Mon Dieu, je remets mon ame entre » vos mains. »

« Seigneur recevez mon esprit. »

Elle demanda qu'on chanta le *Salve, Regina*. Le Confesseur qui fondoit en larmes ne pût l'entonner.

Son sacrifice étant consommé, elle avoit ses yeux & la bouche fermés, comme une vierge qui repose dans la paix du Seigneur.

Six Filles l'emporterent & l'enseveli-rent dans une biere, & elle fut enterrée dans le Cimetiere de la Paroisse.

L'Exécuteur dit qu'il n'avoit jamais vû personne faire une mort aussi chrétienne, que celle que Marguerite avoit faite.

Pendant toute la semaine on fit dans la ville & ailleurs des prieres pour elle, & le jour de sa mort, les trois quarts de la ville étoient en prieres. Son Arrêt n'a été ni publié ni affiché.

On voit par les marques qui se trou-vent dans les livres qu'elle lisoit, avec combien de discernement elle faisoit ses lectures, par le choix de tout ce qu'elle trouvoit qui pouvoit convenir à sa situation. Après l'Evangile, ses lectures les plus familiéres étoient le cinquantiéme chapitre de l'Imitation, avec les douziéme, treiziéme & quatorziéme chapitres d'un livre intitulé, *Sentimens Chrétiens*, imprimé en 1736. Elle y joignoit les pages 358 & suivantes du même livre, par lesquelles on voit combien elle étoit occupée à offrir continuellement à Dieu le sacrifice de sa vie.

Il n'est guère possible de voir plus d'ardeur pour les saintes lectures que cette Fille pénitente en avoit; c'est la grace de Notre Seigneur Jesus-Christ qui avoit opéré en elle un si merveilleux changement, cette même grace l'avoit préservée de tout égarement du côté des mœurs.

Plaise à la bonté de Dieu que cette petite Relation serve à l'édification de tous ceux qui la liront, c'est l'unique but qu'on s'est proposé en la donnant au public.

PRIERES ET RÉFLEXIONS

Que cette Fille pénitente disoit avec une grande consolation, & dont elle fit un continuel usage jusqu'au moment de sa mort.

AU grand jour de l'éternité, lorsque les ténèbres de cette vie seront dissipées, que l'illusion des sens & les nuages des passions disparoîtront : alors quelles seront nos pensées ? O mon Dieu, tirez le voile, dissipez les nuages, faites luire dans mon ame un rayon de cette lumiere si pure & si divine : que dès-à-présent je sente quelque chose de ce que je dois éprouver dans ce moment redoutable.

Si vous tenez un compte exact des iniquités, qui pourra, Seigneur, subsister devant vous ! Ps. 129.

J'écouterai ce que le Seigneur mon Dieu me dira au fond du cœur. Ps. 84.

Anéantissement, violence, recueillement, solitude, humiliation, priere, détachement, esprit de sacrifice, vie cachée, mortification, desir de la mort, fuite du monde, union à Dieu, vigilance, modeftie, circonfpection, défiance de foi-même, confiance en Dieu, efpérance des biens céleftes.

P R I E R E.

O Mon Dieu, c'eft avec frayeur & tremblement que j'ofe me préfen-ter devant vous après avoir abufé de vos graces, oublié vos bienfaits, m'être éloi-gnée de vous en bien des manieres. Si je ne voyois que ma mifere, l'excès de mes maux, la multitude de mes iniquités, la profondeur des plaies de mon ame, je tomberois dans le découragement, & je n'oferois plus lever les yeux vers le ciel ; voilà, Seigneur, quel feroit mon état fans une miféricorde qui me prévient avec douceur & m'invite à m'humilier devant une Majefté fi fouvent offenfée. C'eft donc en mettant la bouche dans la pouffiere, en confeffant tous mes péchés & toutes mes injuftices, que j'ofe approcher du trône de la grace. Ce n'eft point en ma perfonne que je me préfente, mon uni-que reffource eft de m'anéantir, s'il eft poffible, de faire difparoître l'homme de péché, de m'abîmer dans le néant, d'oublier ce que je suis en moi-même, de ne m'occuper que de Jesus-Christ; c'est en ses mérites que je mets toute ma confiance; c'est dans sa justice que je veux puiser le reméde à mon injustice, la guérison des maladies de mon ame, la rémission de mes iniquités. Mais, Seigneur, à peine me suis-je relevée par une lueur d'espérance, que je suis aussi-tôt repoussée par le sentiment de mon indignité. Votre miséricorde & la vertu du sang de Jesus - Christ animent mon ame à vous chercher, en y excitant un mouvement de confiance; la vue de votre justice, la frayeur de vos jugemens, le poids de mes iniquités me rejettent dans l'abattement. Que ferai-je, Seigneur, dans une situation si pénible! Il me semble que mon cœur desire avec empressement de s'élever jusqu'à vous; il voudroit sortir d'un abîme de miseres & de foiblesses qui le tiennent resserré & captif; quelle seroit ma joie & ma consolation, Seigneur, si cette voix forte & puissante qui brise les cédres du Liban, se faisoit entendre à mon ame! Mes infidélités mettent obstacle à l'abondance de vos miséricordes; mettez-moi dans un état de fermeté & de consistance, où je sois plus à portée de ressentir les effets de votre amour. La

soustraction

fouſtraction de votre préſence eſt une juſte punition de mes fautes ; diminuez-en le nombre ; réformez en moi tout ce qui eſt oppoſé à la loi divine ; convertiſſez mon cœur par votre grace toute-puiſſante ; opérez enfin dans une ame malade & affligée une entiere converſion ; changez mon cœur, & le renouvellez entierement ; donnez-moi une charité aſſez abondante pour obtenir le pardon de mes iniquités, qui mettent un mur de ſéparation entre vous & moi : alors mes gémiſſemens feront changés en actions de graces. Voilà, Seigneur, l'objet de mes vœux les plus ardens ; délivrez-moi, mon Dieu, de la puiſſance des ennemis de mon ſalut ; faites-moi éprouver la douceur de votre préſence ; daignez mêler quelques conſolations aux amertumes dont je ſuis inondé : il eſt bien vrai que je ſuis indigne de cette faveur, auſſi je n'oſe la ſolliciter qu'en tremblant ; la foibleſſe dont je fais ſans ceſſe l'expérience, me fait déſirer de nouvelles forces. Il me ſemble que je ſuis prêt à tomber : Seigneur, ne m'abandonnez pas; mon Dieu, ne vous éloignez pas de moi.

❊

D

PRIERES

PROPOSÉES AUX CRIMINELS PÉNITENS.

I.

On peut dire la Priere suivante le soir.

Peccatricem absolvisti,
Et latronem exaudisti :
Mihi quoque spem dedisti.

O Jesus, mon Sauveur ! vous avez pardonné à la Pécheresse ; vous avez exaucé le Larron pénitent ; & vous m'avez donné l'espérance d'obtenir de vous la même grace.

Ayez pitié de moi, Seigneur ; ayez pitié de moi.

Pécheresses pénitentes, à qui Jesus a pardonné, priez pour nous.

Criminels pénitens, à qui Jesus a ouvert le Ciel, priez pour nous.

Seigneur, exaucez ma priere, & que mon cri s'éleve jusqu'à vous.

O Dieu, dont la justice punit sévérement les crimes des coupables, mais dont la miséricorde prévient & reçoit les larmes des pénitens : nous vous

fupplions que comme nous reconnoiſſons
dans les peines que nous ſouffrons, la
main de votre juſtice qui nous châtie,
nous éprouvions, par les dons précieux
d'un ſincere repentir, & de la perſévé-
rance dans vôtre amour, la main de votre miſéricorde qui nous conſole & nous
ſauve. Nous vous le demandons par Jeſus-
Chriſt votre Fils notre Seigneur, qui
étant Dieu, vit & regne avec vous en l'u-
nité du Saint-Eſprit, dans les ſiécles des
ſiécles. Amen.

I I.

On peut dire la Priere ſuivante le Matin.

*Peccavi valdè ; ſed precor, Domine,
ut transferas iniquitatem ſervi tui, quia
ſtultè egi nimis.* (2. Rois, 24. 10.)

J'ai péché griévement ; mais je vous
prie, Seigneur, de me pardonner mon
iniquité ; car j'ai commis devant vous une
exceſſive folie.

Ayez pitié de moi, Seigneur ; ayez
pitié de moi.

Saint Roi David, qui devenu coupable,
avez obtenu de Dieu, par un ſincere re-

pentir, le pardon de vos crimes, priez pour nous.

Vous tous, faints Pénitens, qui avez trouvé grace devant Dieu, priez pour nous.

Seigneur, exaucez ma priere, & que mon cri s'éleve jufqu'à vous.

O Dieu, qui avez pardonné à David pénitent, & qui avez promis, par votre Prophéte, la même grace à tout pécheur qui reviendra fincérement à vous : accordez-nous le don d'un fincere repentir, & d'une foumiſſion parfaite aux peines que nous fouffrons pour nos crimes ; afin que la mort que nous fubirons un jour dans ce monde, nous ouvre la porte de la vie éternelle que vous nous promettez dans le monde futur. Nous vous en conjurons par Jefus-Chriſt votre Fils notre Seigneur, qui étant Dieu, vit & regne avec vous en l'unité du Saint-Efprit, dans les fiécles des fiécles. Amen.

I I I.

Pour l'heure de la Meſſe,

[Soit qu'on y aſſiſte, ou qu'on n'y aſſiſte pas.]

In cruce latebat ſola Deitas ;
At hìc latet ſimul & humanitas :
Ambo tamen credens atque confitens,
Peto quod petivit latro pœnitens.
O fons puritatis, Jeſu Domine,
Me immundum munda tuo ſanguine,
Cujus una ſtilla ſalvum facere
Totum quit ab omni mundum ſcelere.

Sur la croix étoit cachée la ſeule Divinité de Jeſus mon Sauveur ; mais ſur nos autels ſon humanité même y eſt également cachée : cependant croyant & confeſſant l'une & l'autre, je vous demande, ô mon Sauveur, ce que vous demanda le Voleur pénitent.

O ſource de toute pureté, Seigneur Jeſus, purifiez-moi de toutes mes ſouillures par la vertu de votre ſang, dont une ſeule goutte ſuffiroit pour ſauver de toute iniquité le monde entier.

Ayez pitié de moi, Seigneur ; ayez pitié de moi.

Jefus, qui êtes venu dans ce monde pour fauver les pécheurs, ayez pitié de nous.

Sainte Marie, Mere de Dieu, qui êtes devenue le réfuge des pécheurs, & leur avocate auprès de Jefus mon Sauveur, priez pour nous.

Saints Anges de Dieu, qui dans le ciel reffentez plus de joie pour un feul pécheur qui fait pénitence, que pour quatre-vingt-dix-neuf juftes qui n'ont pas befoin de pénitence, priez pour nous.

Saint Jean-Baptifte, qui avez prêché un Baptême de pénitence, auquel les Publicains & les Femmes proftituées fe font foumis avec foi, & par lequel vous les avez difpofés à recevoir Jefus mon Sauveur, priez pour nous.

Saints Apôtres, qui avez annoncé partout & à tous qu'ils fiffent pénitence, pour prévenir la colere de Jefus, qui eft en même-temps mon Sauveur & mon Juge, priez pour nous.

Saints Martyrs, qui avez fouffert pour la foi les fupplices & la mort, que nous avons mérité de fouffrir pour nos crimes, priez pour nous.

Saints Pénitens, qui en punissant sur vous-mêmes vos péchés par les saintes austérités de la pénitence, avez obtenu grace au tribunal du souverain Juge, priez pour nous.

Seigneur, exaucez ma priere, & que mon cri s'éleve jusqu'à vous.

O Jesus, Agneau de Dieu, qui portez sur la croix les péchés du monde, & qui, par l'oblation de votre sang sur nos Autels, obtenez de Dieu votre Pere la rémission des péchés : nous reconnoissons avec le saint pénitent crucifié à côté de vous, que c'est avec justice que nous souffrons la peine par nos crimes méritée ; & à son exemple nous vous supplions de vous souvenir de nous dans votre royaume, où vous êtes allé préparer à vos élus la place que Dieu votre Pere leur a destinée dès le commencement du monde : disposez-nous comme lui par votre grace à entendre au fond de nos cœurs au jour de notre mort, cette parole que vous lui dites du haut de votre croix : *En vérité je vous le dis, aujourd'hui vous serez avec moi dans le Paradis.* C'est ce que nous vous demandons avec instance, ô vous qui étant Dieu, vivez & régnez avec Dieu votre Pere en l'unité du Saint-Esprit, dans les siécles des siécles. Amen.

Amen. Venez, Seigneur Jesus.
Seigneur Jesus, recevez mon esprit.
Amen, amen. Fiat, fiat.
Qu'il soit ainsi : qu'il soit ainsi.

FIN.

APPROBATION.

J'AI lû par ordre de Monseigneur le Vice-Chancelier deux Relations, l'une imprimée, *de la Conversion & de la Mort d'une jeune fille,* &c. exécutée à Paris ; l'autre manuscrite, *de la Prison & de la Mort d'une fille exécutée à Pithivier :* l'une & l'autre m'ont paru fort édifiantes, & bien propres à faire admirer les miséricordes infinies de Dieu envers les pécheurs. A Paris ce 9 Juillet 1768.

DE MONTY, *Docteur en Théologie, Censeur Royal.*